OF MONSTERS AND MISO

by Alley Valkyrie

"The old world is dying, and the new world
struggles to be born: now is the time of monsters."
Antonio Gramsci, The Prison Notebooks

"Woe to the cook whose sauce has no sting."
Geoffrey Chaucer, The Canterbury Tales

First published 1 October 2019
by Gods&Radicals Press

ISBN: 978-1-7325523-4-0

Find more information about our works at
ABEAUTIFULRESISTANCE.ORG

THANK YOU!

Thank you to Charlotte Papail for inviting me to draw every Tuesday.

Thank you to Gaultier Colléaux for correcting my translations and for being a lovely husband.

Thank you to Jean-Marie Goater and the Papier Timbré in Rennes for creating the perfect space for monsters to be born and for being a community that keeps me hopeful in dark times.

And thank you to Rhyd Wildermuth for all of the things.

RECIPES WITHIN

What's all this, then?

I've been working on two separate books for the past year, and came to a point last winter where I was completely stuck in terms of both projects.

Around the same time, two things happened: I bought a big bag of miso from the local Asian market, and a good friend organized a drawing session once a week at the café down the road.

And so, instead of stressing myself out over being stuck, I spent the winter drawing monsters and experimenting with miso.

And so, now there is a book about monsters and miso. And eventually I will get back to the other projects.

What is miso, anyway?
And why should I eat it?

Miso is fermented soybean paste, and has been a staple of Japanese cuisine for hundreds of years. It's the epitome of the taste known as 'umami', and has countless cuisine-related uses. You will find twelve of those examples in this book.

Aside from being delicious, miso is also very healthy. It's fermented and therefore full of beneficial bacteria and antioxidants. Miso is also an excellent source of protein and fiber. And despite being high in sodium, studies have shown that those who consume miso regularly tend to have a lower instance of cardiovascular issues.

For these recipes, I used white miso, or 'shiro miso' in Japanese. You are free to use other types of miso, but the flavor will be stronger and somewhat different.

But what about these monsters? What do I do with them?

Anything you like!

Photocopy them and tape them up in bathrooms or other public places. Or print them on sticker paper and stick them on things, or make cards out of them and mail them to friends.

All I ask is that you don't try to make money off them.

A note on measurements:

For many of these recipes, the measurements for both versions are in tablespoons. I did this deliberately because the tablespoon is one of the few units of measurement that are approximately the same in both Standard and Metric measurements.

That being said, here's a quick approximate guide to navigate measurements more easily:

1 tablespoon = 15 ml
16 tablespoons = 1 cup
1 cup = 240 ml

another world
is possible

Sesame-Ginger-Miso Dressing

Ingredients:

six tablespoons of miso
three thumb-size chunks of grated ginger
three tablespoons of canola oil
eight tablespoons rice vinegar or apple cider vinegar
three tablespoons of honey
four tablespoons of sesame seeds
juice of one lime

How To Make It:

Mix the miso with just enough water so that it will blend easily with the other ingredients, and then either put everything in a jar and shake or put everything in a bowl and stir well.

What To Do With It:

Delicious as a dressing for any kind of salad or as a topping for rice. I also use it in stir-fries and similar dishes, although it's best to add it towards the end.

Misoyaki Marinade and Glaze

Ingredients:
three tablespoons of white sugar
three tablespoons of brown sugar
eight tablespoons of miso
six tablespoons of mirin
six tablespoons of sake
one tablespoon of soy sauce

How to Make It:
Blend miso with just enough water so that it can stir in easily with the other ingredients and put off to the side. Combine the mirin and sake in a saucepan and bring to a boil. Add the sugar, stir until dissolved, then add the miso and soy sauce and simmer until it thickens.

What To Do With It:
It works great as a marinade for meat or tofu, or as a glaze for roasted anything. Or just drizzle it on salad or veggies.

be like jesus
whip a banker

Miso-Avocado-Citrus Dip

Ingredients:

two avocadoes
three tablespoons of miso
juice of two lemons
juice of one lime
garlic powder to taste
piment d'espelette or cayenne pepper to taste
(optional)

How to Make It:

Mix the miso with the lemon and lime juice until you get a uniform paste that can be blended with the avocado. If it's still too thick, add a wee bit of water or more citrus if you're into that.

Then mash up the avocado - either with a food processor or immersion blender or by hand in a cup. Add the miso-citrus mix, and then add garlic powder to taste and the piment d'espelette if you like things a bit spicy. Cayenne also works as a substitute.

What To Do With It:

Use it as you would use guacamole! Tortilla chips, fresh vegetables, tacos and burritos! The first time I made this, I put it in a pita with some feta cheese and it rocked.

property is theft

12

Miso-Mayo-Lemon Dipping Sauce

Ingredients:

five tablespoons of miso
juice of one or two lemons
one or two garlic cloves, depending on how much you
like garlic
mayonnaise, amount depends on desired thickness
honey, amount depends on desired sweetness
fresh ground pepper to taste

How To Make It:

Mix the miso with just enough lemon juice so that you have a smooth paste that can be easily blended with other things. Then chop a few cloves of garlic--how much is up to you. Chop as finely as you can without risking your fingers. Add the garlic, then add enough mayonnaise* so that it has a bit of a thickness. How thick you want it depends on whether you want to use it as a dip or pour it on things.

And then add some honey. At this point, you'll want to start tasting as you go to figure out how sweet you want it. You also may decide at this point that you want it to be more lemony. If that's the case, add more lemon juice, and perhaps then a bit more mayonnaise to make it thicker again. Finally, some fresh ground pepper to finish.

What To Do With It:

Dip raw vegetables, chips, or breadsticks in it, drizzle it over salad, use it as a sauce on a burger or pizza, also works as a sauce for french fries.

13

trans
rights
are
human
rights

14

Tahini-Lemon-Miso Sauce

Ingredients:

one cup of tahini

three tablespoons of miso

juice of two or three lemons, depending on how much you like lemon

three or four garlic cloves, depending on how much you like garlic

one teaspoon of either sugar or honey, your choice

fresh or dried parsley, as much or as little as you like

How To Make It:

Finely chop the garlic. Put all the ingredients except water into a bowl and blend. Add water if it's too thick, as much as you need until you reach your desired consistency.

What To Do With It:

I made this originally as a sauce to put on top of falafel on a pita. But then I discovered that this is also really good on top of beets, or as a dip for vegetables.

Miso-Orange Dressing

Ingredients:

eight tablespoons of orange juice
four tablespoons of canola or sesame oil
four tablespoons of miso
three tablespoons of rice vinegar
one thumb-size chunk of grated ginger
sesame seeds - how much is up to you.

How To Make It:

Mix the miso with just enough water so that it will blend easily with the other ingredients, and then either put everything in a jar and shake or put everything in a bowl and stir.

What To Do With It:

This works nicely as either a salad dressing or a marinade for beef, fish, or tofu. Also can be used as a stir-fry sauce.

18

Miso-Honey BBQ Sauce

Ingredients:

three tablespoons of miso
one tablespoon of sesame or olive oil
two tablespoons of honey
two tablespoons of brown sugar
one cup of ketchup
one tablespoon of mayonnaise
two tablespoons of mirin
two cloves of garlic
juice of ½ to 1 lemon
one tablespoon of onion powder
black pepper

How To Make It:

Finely chop the garlic. Mix miso in a cup with just enough water so that it will blend easily with everything else, and put it to the side. Put everything except the miso into a saucepan, and bring to a boil while stirring constantly. Once it boils, turn down to low and simmer for 10-15 minutes, stirring regularly, until it is nice and thick. At the very end, add the miso and simmer just long enough so that the miso is well-blended. Add a bit of water if it's too thick.

What To Do With It:

Brush it over meat, tofu, tempeh, or veggies and grill it! Also works as a stir-fry sauce.

Miso-Sriracha Dipping Sauce

Ingredients:
one thumb-size chunk of grated ginger
three tablespoons of miso
three tablespoons of soy sauce
two tablespoons of rice vinegar
a dash of sesame oil
a dash of garlic powder
sriracha to taste

How To Make It:
Blend the miso with just enough water so that it will mix easily with the other ingredients, and then put all ingredients in a bowl and stir. Add the sriracha last and taste as you go.

What To Do With It:
This works great as a vegetable or chip dip, or can be used as a dressing if you add a bit of water and perhaps a bit more oil.

punch
nazis

22

Carrot-Ginger-Miso Dressing

Ingredients:
three large carrots
one thumb-size chunk of ginger
three garlic cloves
one or two shallots
one small onion
juice of two lemons
three tablespoons miso
four tablespoons rice vinegar
two tablespoons mirin
two tablespoons soy sauce
four tablespoons sesame oil
two tablespoons canola oil
enough water to make it flow

How To Make It:
Peel all the vegetables and blend the miso with just enough water so that it will mix easily with the other ingredients. Then just throw everything into a food processor. Stop and stir and start again until everything is well blended. Add water as needed, depending on how thick you want it.

What To Do With It:
Great on salads, on top of rice and beans or noodle dishes, as a vegetable dip, or as a late addition to stir-fry.

Miso Alfredo Sauce

Ingredients:

three garlic cloves
two tablespoons of miso
two handfuls of mushrooms
four tablespoons of butter
one cup of heavy cream
one cup of grated parmesan cheese
three tablespoons of parsley
fresh ground pepper to taste

How To Make It:

Chop garlic and mushrooms and sauté in a pan until slightly brown and then put to the side. Mix the miso in a cup with just enough water so it can blend easily into the sauce and also put to the side.

Put butter and cream into a pot or skillet and simmer on low for a few minutes, stirring constantly. Then add everything else except the miso and parmesan. Cook for another few minutes, then at the end add the miso and parmesan and cook just until the parmesan has melted. Serve hot.

What To Do With It:

PASTA!

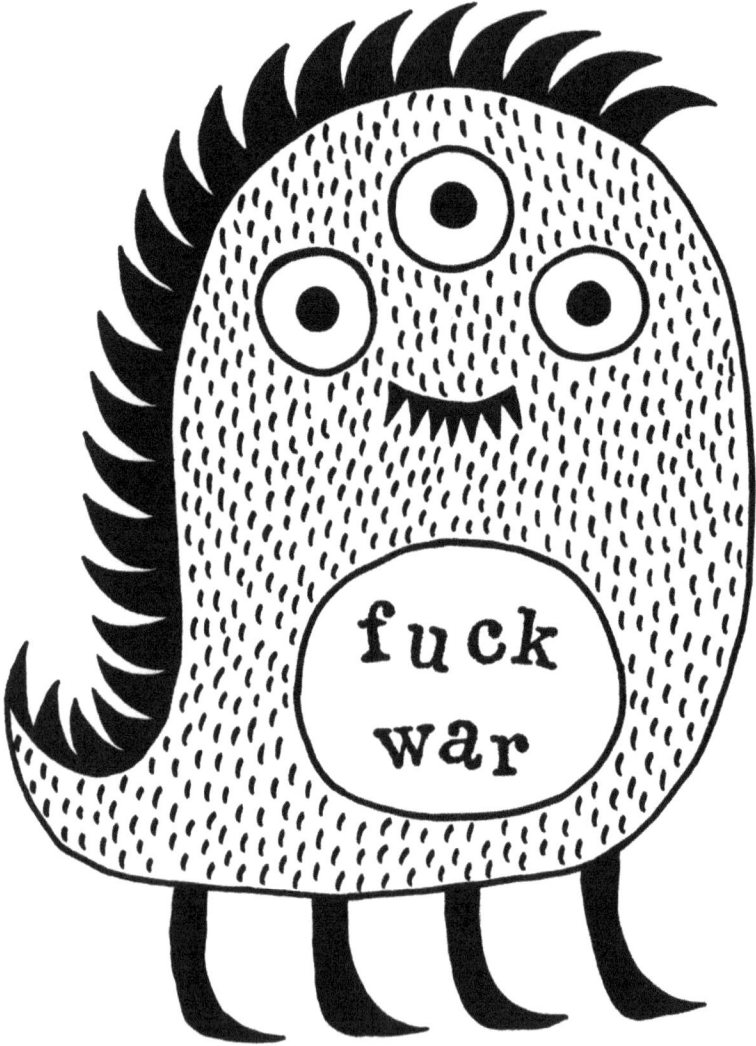

Miso-Peanut Satay Sauce

Ingredients:
three tablespoons of miso
six tablespoons of unsalted peanut butter
one tablespoon of sesame oil
one tablespoon of soy sauce
two tablespoons of sesame seeds (optional)
one thumb-size chunk of grated ginger
juice of one lime

How To Make It:
Mix miso with just enough water so that it will blend with everything else. Then mix all the ingredients together and stir until blended. Add a bit of water if it is too thick.

What To Do With It:
Great for chicken satay or as a veggie or dumpling dip. Also works as a stir-fry sauce or as a salad dressing.

Miso and Leek Fondue

Ingredients:

one leek
four tablespoons of butter
four tablespoons of heavy cream
two tablespoons of miso
fresh ground pepper to taste

How To Make It:

Mix the miso in a cup with just enough water so it can blend easily into the sauce and put it on the side. Chop the leek up, how thick you want them is up to you. Put the butter in a skillet, melt it, then add the leeks. Cook on low for 20-30 minutes, then add the cream and cook for another ten minutes on low. Then add the miso and cook for two or three minutes, just enough so that the miso is hot and blended with everything else. Add the pepper at the end.

What To Do With It:

Great on pasta, over rice, as part of a fish dish, or on its own as a side dish. Also works well inside of or on top of a savory crêpe or Breton galette.

THE END!

www.ingramcontent.com/pod-product-compliance
Lightning Source LLC
Chambersburg PA
CBHW042249040426

42336CB00045B/3418

DES MONSTRES ET DU MISO

par Alley Valkyrie

«Le vieux monde se meurt. Le nouveau monde tarde
à apparaître et dans ce clair-obscur
surgissent des monstres.»
Antonio Gramsci, Cahiers de Prison

«Malheur à son cuisinier, si la sauce n'était
point piquante et forte.»
Geoffrey Chaucer, Les Contes de Canterbury

Première publication 1 October 2019
par Gods&Radicals Press

ISBN: 978-1-7325523-4-0

Trouvez plus d'informations sur nos livres:
ABEAUTIFULRESISTANCE.ORG

MERCI!

Merci à Charlotte Papail de m'avoir invité à dessiner
tous les mardis.

Merci à Gaultier Colléaux d'avoir corrigé la
traduction et d'être un bon mari.

Merci à Jean-Marie Goater et le Papier Timbré de
Rennes d'avoir créé l'espace idéal pour la naissance de
mes monstres et d'être une communauté de gens qui
me remplit d'espoir pendant les périodes sombres.

Et merci à Rhyd Wildermuth pour tout.

LES RECETTES

De quoi ça parle, ce livre?

Je travaille sur deux autres livres depuis un an. Mais l'hiver dernier, je me suis retrouvée dans une impasse absolue concernant les deux projets.

Au même moment, deux choses se sont passées: j'ai acheté un gros sac de pâte miso au marché asiatique près de chez moi, et une amie a organisé une séance de dessin une fois par semaine dans un café situé au bout de la rue.

Et donc, au lieu de me stresser à propos de mes deux livres, j'ai passé l'hiver à dessiner des monstres et à expérimenter avec le miso.

Et maintenant, ça fait un bouquin avec des monstres et des recettes à base de miso. Et je reviendrai tôt ou tard sur les autres projets.

Qu'est-ce que le miso? Et pourquoi devrais-je en manger?

Le miso, c'est une pâte de soja fermentée, qui constitue depuis des centaines d'années un aliment de base de la cuisine japonaise. C'est la quintessence du goût connu sous le nom de «umami» et a de nombreuses utilisations en cuisine. Tu trouveras douze de ces recettes dans ce bouquin.

En plus d'être délicieux, le miso est également très sain. C'est fermenté et donc plein de bactéries bénéfiques et d'antioxydants. Le miso est également une excellente source de protéines et de fibres. Et bien que leur teneur en sodium soit élevée, des études ont montré que ceux qui consomment du miso régulièrement ont tendance à présenter moins de problèmes cardiovasculaires.

Dans ces recettes, j'ai utilisé le miso blanc, ou «shiro miso» en japonais. Tu peux utiliser d'autres types de miso si tu veux, mais la saveur sera plus forte et légèrement différente.

Mais qu'en est-il de ces monstres? Qu'est-ce que je peux faire avec eux?

Tout ce que tu aimes!

Fais des photocopies et colle-les dans les toilettes ou d'autres lieux publics. Ou imprime-les sur du papier autocollant et place-les sur les objets choisis au hasard, ou fabrique des cartes et envoie-les à des amis.

Tout ce que je demande, c'est de ne pas en faire d'utilisation commerciale et d'en tirer profit.

À propos des mesures:

Pour beaucoup de ces recettes, les mesures pour les deux versions sont en cuillères à soupe. Je l'ai fait délibérément car la cuillère à soupe est l'une des rares unités de mesure à peu près similaire dans le système impérial (US) et le système métrique.

Ceci dit, voici un guide approximatif rapide pour naviguer plus facilement dans les mesures:

1 cuillère à soupe = 15 ml
16 cuillères à soupe = 1 tasse
1 tasse = 240 ml

Vinaigrette miso au sésame et gingembre

Ingrédients:
six cuillères à soupe de miso
trois morceaux de gingembre râpé de la taille d'un pouce
trois cuillères à soupe d'huile de colza
huit cuillères à soupe de vinaigre de riz ou de vinaigre de cidre
trois cuillères à soupe de miel
quatre cuillères à soupe de graines de sésame
jus d'un citron vert

Comment le préparer:
Mélange le miso avec juste assez d'eau pour qu'il se mélange facilement aux autres ingrédients, puis mets tout dans un bocal et secoue ou mets tout dans un bol et remue bien.

Que faire avec ça?
Délicieuse comme vinaigrette pour tout type de salade ou comme garniture pour le riz. Je l'utilise aussi dans les sautés et autres plats similaires, même s'il est préférable de l'ajouter vers la fin.

Marinade et glaçage misoyaki

Ingrédients:

trois cuillères à soupe de sucre blanc
trois cuillères à soupe de sucre brun
huit cuillères à soupe de miso
six cuillères à soupe de mirin (alcool de riz japonais)
six cuillères à soupe de saké
une cuillère à soupe de sauce soja

Comment le préparer:

Mélange le miso avec juste assez d'eau pour qu'il puisse être mélangé facilement avec les autres ingrédients et mis de côté. Mélange le mirin et le saké dans une casserole et porter à ébullition. Ajoute le sucre, remue jusqu'à ce que le mélange soit dissout, puis ajoute le miso et la sauce soja et laisse mijoter jusqu'à ce qu'il épaississe.

Que faire avec ça?

Il fonctionne très bien comme une marinade pour la viande ou le tofu, ou comme un glaçage pour n'importe quoi rôti. Ou simplement en verser sur une salade ou des crudités.

Sauce apéro miso, avocat, et agrumes

Ingrédients:

deux avocats
trois cuillères à soupe de miso
jus de deux citrons
jus d'un citron vert
poudre d'ail (quantité au choix selon les goûts)
piment d'espelette ou de poivre de Cayenne
(facultatif)

Comment le préparer:

Mélange le miso avec le jus de citron et de citron vert jusqu'à obtenir une pâte homogène pouvant être mélangée à l'avocat. Si elle est encore trop épaisse, ajoute un peu d'eau ou plus d'agrumes si tu en as envie.

Ensuite, écrase l'avocat - au robot culinaire ou au mixeur, ou à la main dans une tasse. Ajoute le mélange miso-agrumes, puis ajoute la poudre d'ail et le piment d'espelette si tu aimes les choses un peu épicées. Le piment de Cayenne ira également comme substitut.

Que faire avec ça?

Utilise-le comme du guacamole! Croustilles de tortilla, crudités, ou dans des tacos et burritos! La première fois que j'ai fait ça, je l'ai mis dans un pita avec du feta et ça a déchiré.

la propriété
c'est le vol

Sauce apéro miso, mayonnaise, et citron

Ingrédients:

cinq cuillères à soupe de miso
jus d'un ou deux citrons
une ou deux gousses d'ail, selon votre goût
mayonnaise, la quantité dépend de l'épaisseur
désirée
miel, la quantité dépend de la douceur désirée
poivre fraîchement moulu au goût

Comment le préparer:

Mélange le miso avec juste assez de jus de citron pour
obtenir une pâte lisse et facile à mélanger à d'autres
choses. Ensuite, hache quelques gousses d'ail - à toi de
décider. Hache le plus finement possible sans couper tes
doigts. Ajoute l'ail, puis ajoute suffisamment de mayonnaise pour qu'elle ait un peu d'épaisseur. L'épaisseur
dépend si tu veux l'utiliser pour tremper quelque chose ou
verser sur quelque chose.

Et puis ajoute un peu de miel. À ce stade, tu peux com-
mencer à goûter pour voir à quel point tu veux que ça soit
sucré. Tu peux également décider à ce stade si tu
souhaites que ce soit plus citronné. Si tel est le cas,
ajoute plus de jus de citron et peut-être un peu plus de
mayonnaise pour le rendre plus épais. Enfin, un peu de
poivre fraîchement moulu pour finir.

Que faire avec ça?

C'est super pour tremper des crudités, des chips ou des
gressins, ou verser sur la salade, ou l'utiliser comme
sauce dans un hamburger, sur une pizza ou pour les frites.

les droits
des trans
sont des
droits
humains

Sauce tahini au miso et citron

Ingrédients:

une tasse de tahini
trois cuillères à soupe de miso
jus de deux ou trois citrons, selon tes goûts.
trois ou quatre gousses d'ail, selon ton goût pour l'ail
une cuillère à café de sucre ou de miel, au choix
persil frais ou séché, à volonté

Comment le faire:

Hache finement l'ail. Mets tous les ingrédients sauf l'eau dans un bol et mélange. Ajoute de l'eau si elle est trop épaisse, autant que nécessaire, jusqu'à ce que tu obtiens la consistance désirée.

Que faire avec ça?

Je l'ai faite à l'origine comme une sauce à mettre sur les falafel en pain pita. Mais ensuite, j'ai découvert que c'était aussi très bien avec les betteraves ou comme une sauce apéro pour les crudités.

Vinaigrette miso et orange

Ingrédients:

huit cuillères à soupe de jus d'orange
quatre cuillères à soupe d'huile de colza ou de sésame
quatre cuillères à soupe de miso
trois cuillères à soupe de vinaigre de riz
un morceau de gingembre râpé de la taille d'un pouce
des graines de sésame à volonté selon tes goûts.

Comment le préparer:

Mélange le miso avec juste assez d'eau pour qu'il se mélange facilement avec les autres ingrédients, puis mets le tout dans un bocal et secoue ou mets le tout dans un bol et mélange.

Que faire avec ça?

Ça marche très bien comme vinaigrette ou marinade pour le boeuf, le poisson ou le tofu. Peut également être utilisé comme une sauce sautée.

Sauce BBQ
miso et miel

Ingrédients:

trois cuillères à soupe de miso
une cuillère à soupe d'huile de sésame ou d'olive
deux cuillères à soupe de miel
deux cuillères à soupe de sucre brun
une tasse de ketchup
une cuillère à soupe de mayonnaise
deux cuillères à soupe de mirin (alcool de riz japonais)
deux gousses d'ail
jus de ½ à 1 citron
une cuillère à soupe de poudre d'oignon
poivre noir

Comment le faire:

Hache finement l'ail. Mélange le miso dans une tasse avec juste assez d'eau pour qu'il se mélange facilement à tout le reste, et mets-le de côté. Mets tout sauf le miso dans une casserole et porte à ébullition en remuant constamment. Une fois que cela bout, baisse le feu et laisse mijoter pendant 10-15 minutes, en remuant régulièrement, jusqu'à ce qu'il soit bien épais. À la toute fin, ajoute le miso et laissez mijoter juste assez longtemps pour que le miso soit bien mélangé. Ajoute un peu d'eau si elle est trop épaisse.

Que faire avec ça?

Badigeonne de la viande, du tofu, du tempeh ou des légumes et fais-les griller! ça fonctionne également comme une sauce sautée.

réfugiés bienvenus

20

Sauce apéro miso et sriracha

Ingrédients:
un morceau de gingembre râpé de la taille d'un pouce
trois cuillères à soupe de miso
trois cuillères à soupe de sauce soja
deux cuillères à soupe de vinaigre de riz
un filet d'huile de sésame
une pincée de poudre d'ail
sriracha selon tes goûts

Comment le préparer:
Mélange le miso avec juste assez d'eau pour qu'il se mélange facilement aux autres ingrédients, puis mets tous les ingrédients dans un bol et mélange. Ajoute la sriracha en dernier et goûte au fur et à mesure.

Que faire avec ça?
Ça marche très bien avec des crudités ou des chips, et peut être utilisé comme vinaigrette si tu ajoutes un peu d'eau et peut-être un peu plus d'huile.

Vinaigrette carotte, gingembre, et miso

Ingrédients:

trois grandes carottes
un morceau de gingembre de la taille d'un pouce
trois gousses d'ail
une ou deux échalotes
un petit oignon
jus de deux citrons
trois cuillères à soupe de miso
quatre cuillères à soupe de vinaigre de riz
deux cuillères à soupe de mirin (alcool de riz japonais)
deux cuillères à soupe de sauce soja
quatre cuillères à soupe d'huile de sésame
deux cuillères à soupe d'huile de colza
assez d'eau pour la rendre liquide

Comment le préparer:

Épluche tous les légumes et mélange le miso avec juste assez d'eau pour qu'il se mélange facilement aux autres ingrédients. Ensuite, il suffit de tout jeter dans un robot culinaire. Arrête et remue et recommence jusqu'à ce que tout soit bien mélangé. Ajoute de l'eau si besoin, en fonction de l'épaisseur souhaitée.

Que faire avec ça?

Idéal sur les salades, sur du riz et des haricots ou des plats à base de nouilles, comme sauce apéro de crudités ou comme ajout tardif à un sauté.

Sauce alfredo de miso et parmesan

Ingrédients:

trois gousses d'ail
deux cuillères à soupe de miso
deux poignées de champignons
quatre cuillères à soupe de beurre (60g)
une tasse de crème épaisse
une tasse de parmesan râpé
trois cuillères à soupe de persil
poivre fraîchement moulu selon tes goûts

Comment le préparer:

Hache l'ail et les champignons et fais-les sauter dans une casserole jusqu'à ce qu'ils soient légèrement dorés, puis mets de côté. Mélange le miso dans une tasse avec juste assez d'eau pour qu'il se mélange facilement à la sauce et mets de côté.

Mets le beurre et la crème dans une casserole ou une poêle et laisse mijoter à feu doux pendant quelques minutes en remuant constamment. Ensuite, ajoute tout le reste sauf le miso et le parmesan. Cuire encore quelques minutes, puis ajoute à la fin le miso et le parmesan et cuire jusqu'à ce que le parmesan ait fondu. Servir chaud.

Que faire avec ça?

Des pâtes, bien sûr!

Sauce saté de miso et cacahuete

Ingrédients:

trois cuillères à soupe de miso
six cuillères à soupe de beurre d'arachide non salé
une cuillère à soupe d'huile de sésame
une cuillère à soupe de sauce soja
deux cuillères à soupe de graines de sésame (facultatif)
un morceau de gingembre râpé de la taille d'un pouce
jus d'un citron vert

Comment le préparer:

Mélange le miso avec juste assez d'eau pour qu'il se mélange avec tout le reste. Combine ensuite tous les ingrédients et mélange jusqu'à obtenir un mélange homogène. Ajoute un peu d'eau si c'est trop épais.

Que faire avec ça?

Idéal pour le poulet saté ou comme sauce apéro pour les crudités ou pour les nems, samossas, gyozas... Fonctionne également comme sauce sautée ou comme vinaigrette.

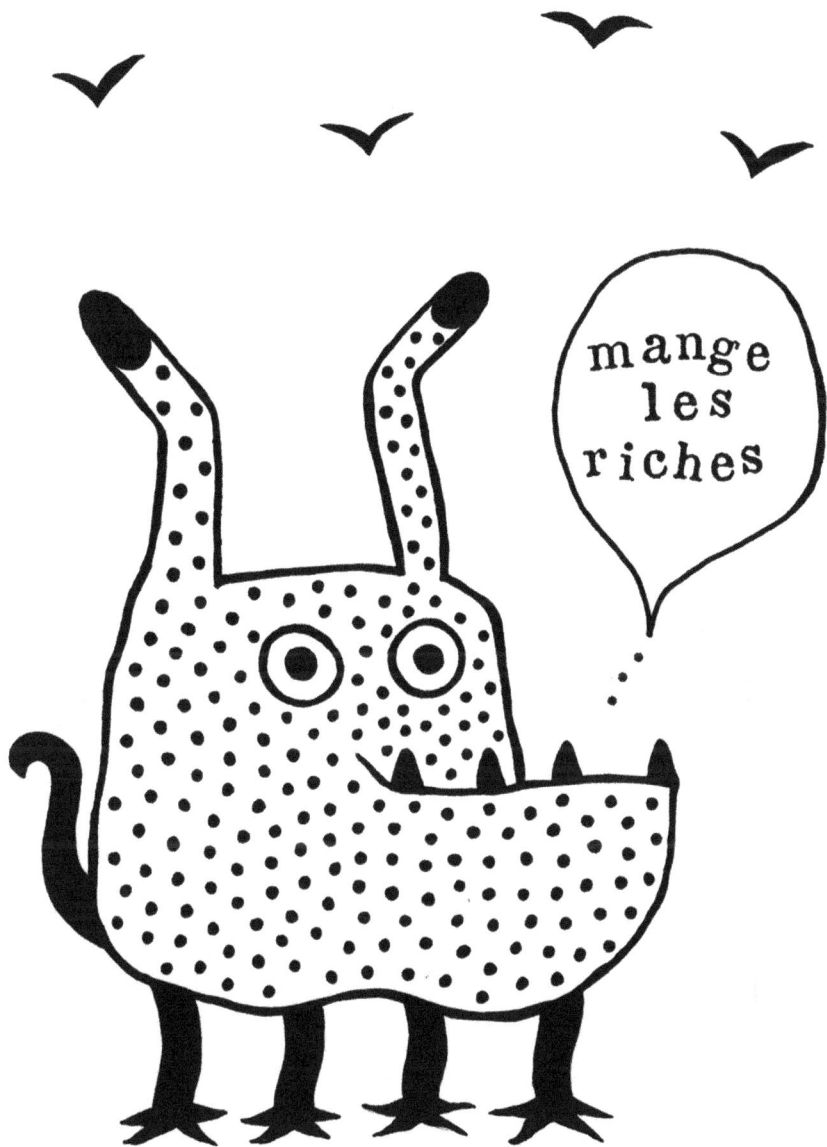

Fondue de poireaux et miso

Ingrédients:

un poireau
quatre cuillères à soupe de beurre
quatre cuillères à soupe de crème épaisse
deux cuillères à soupe de miso
poivre fraîchement moulu au goût

Comment le préparer:

Mélange le miso dans une tasse avec juste assez d'eau pour qu'il se mélange facilement à la sauce et mets-le de côté. Coupe le poireau, à l'épaisseur que tu veux. Mets le beurre dans une poêle, fais-le fondre, puis ajoute les poireaux. Cuire à feu doux pendant 20-30 minutes, puis ajoute la crème et cuire encore 10 minutes à feu doux. Ajoute ensuite le miso et laisse cuire pendant deux ou trois minutes, juste assez pour que le miso soit chaud et mélangé à tout le reste. Ajoute le poivre à la fin.

Que faire avec ça?

Idéal sur les pâtes, sur du riz, dans un plat de poisson ou seul comme accompagnement. Convient également à l'intérieur ou au-dessus d'une crêpe salée ou d'une galette bretonne.

FIN!